Mein rotes Haushaltsbuch

Bibliografische Information der Deutschen Nationalbibliothek: Die Deutsche Nationalbibliothek verzeichnet diese Publikation in der Deutschen Nationalbibliografie; detaillierte bibliografische Daten sind im Internet über http://dnb.d-nb.de abrufbar.

Impressum

Titel: Mein rotes Haushaltsbuch

© Angela Mackert. Alle Rechte vorbehalten.

1. Auflage, 2023

Covergestaltung: Angela Mackert

Coverbild von OpenClipart-Vectors auf Pixabay

Herstellung und Verlag:

BoD – Books on Demand, Norderstedt

ISBN 978-3-7578-2524-9

Herausgegeben von Angela Mackert

Sie finden mich im Internet unter:

www.angela-mackert.de

Kontakt: info@angela-mackert.de

Mein rotes Haushaltsbuch

Die Phönizier haben das Geld erfunden – warum bloß so wenig?
– Johann Nepomuk Nestroy –

Mein rotes Haushaltsbuch

Inhalt

Einleitung

Dieses rote Haushaltsbuch will dich ein ganzes Jahr lang begleiten, und dir helfen, deine Einnahmen und Ausgaben im Griff zu behalten.

Zu Anfang ein paar Tipps:

- Schreibe am besten mit Bleistift. So kannst du mit einem Radiergummi korrigieren, falls du dich verschrieben hast oder falls du bei deinen Eintragungen Positionen übersehen hast.
- Setze zur Markierung Klebereiter auf die Seiten, die du immer wieder nachschlagen willst.
- Ein Lesezeichen auf der aktuell benutzten Haushaltsbuch-Seite, wo du deine wöchentlichen Ausgaben einträgst, ist auch nützlich. Du musst dann nicht soviel blättern.
- Reserviere dir am besten einen festen Tag, vielleicht sogar eine feste Stunde, für die Eintragungen in deinem roten Haushaltsbuch. So wird das Ganze schnell zur nützlichen Routine und du vergisst es nicht.
- Lass dir für jede Ausgabe einen Kassenbon geben.
- Verwahre deine Kassenbons so lange an einem festen Platz, bis du die entsprechenden Geldbeträge in dieses Buch eingetragen hast.
- Notiere auch alle Ausgaben, die du mit EC - oder Kreditkarte bezahlst. Auch Online-Einkäufe, z.B. bei Amazon darfst du natürlich nicht vergessen.
- Jedes Kapitel in diesem Buch baut auf dem vorherigen auf. Beginne mit dem 1. Kapitel. Erst dann, wenn du hier alle Aufgaben erledigt hast, gehst du zum 2. Kapitel weiter.

- Kapitel 3 überschneidet sich mit Kapitel 2, das aus drei Themen besteht. Du legst die Sinking Funds von Kapitel 3 am besten nach deiner ersten Budgetplanung an (Kapitel 2).
- Im Teil »Haushaltsbuch« von Kapitel 2 trägst du dann 12 Monate lang alles ein, was du wöchentlich ausgibst, sodass du über deine Finanzen den kompletten Überblick bekommst.

Deine Ziele mit diesem Buch

Dieses rote Haushaltsbuch hast du sicher deshalb gekauft, weil du damit bestimmte finanzielle Hoffnungen verknüpfst. Welche Ziele hast du, bei denen dir dieses Buch helfen soll, sie zu erreichen? Was möchtest du in einem Jahr geschafft haben?

Schreib auf, was dir persönlich und in Bezug auf deine Finanzen wichtig ist. Formuliere Ziele, von denen du glaubst, dass du sie innerhalb eines Jahres erreichen kannst.

_____

_____

_____

_____

_____

_____

Und jetzt wünsche ich dir viel Erfolg für deine Finanzplanung!

1. Kapitel

Die Fixkosten

Am Anfang der Budget-Planung steht die Bestandsaufnahme. Wie hoch sind die regelmäßigen Ausgaben, die den Einnahmen gegenüberstehen? Die ermittelte monatliche Summe entscheidet, wie viel Budget im Monat zur Verfügung steht.

Zu den regelmäßigen Ausgaben, den Fixkosen, zählen nicht nur die, welche jeden Monat anfallen, wie z.B. Miete und Nebenkosten, Kredite oder Telefon. Auch die nur einmal im Jahr, oder die alle drei Monate anfallenden Kosten zählen dazu, wie z.B. Nebenkostennachzahlungen, Versicherungen, Kontogebühren oder Amazon Prime.

Nimm dir daher deine Kontoauszüge für jeden Monat des Jahres zur Hand. Liste alle festen Kosten auf, die entweder monatlich oder regelmäßig zu bestimmten Zeiten abgebucht werden.

Vielleicht hast du mehr als ein Bankkonto, weil du z.B. private und geschäftliche Konten benötigst und für deine Budgetplanung alle im Blick behalten musst. Überprüfe daher alle Bankkonten, die du benutzt. Schau im Anschluss, ob du außerdem regelmäßig Zahlungen in Bar tätigst, z.B. für den Sportverein, das Fitness-Studio oder was auch immer.

Übertrage dann deine monatlich anfallenden festen Kosten auf Seite 15 Die jährlich oder im Quartal anfallenden Kosten schlüsselst du auf Seite 17 weiter auf. So schaffst du dir den Gesamtüberblick und siehst schwarz auf weiß, wie hoch die festen Ausgaben sind, die berücksichtigt werden müssen. Außerdem kannst du dann gleich schon überlegen, ob du den einen oder anderen Posten einsparen willst, indem du z.B. wenig genutzte Abos kündigst, oder ob du durch einen Anbieterwechsel, z.B. bei den Versicherungen oder beim Handy, Geld sparen kannst.

Solltest du aufgrund dieser Zahlen, beziehungsweise später bei der Gegenüberstellung mit deinen Einnahmen zu dem Schluss kommen, dass dir eigentlich zu wenig Geld zum Leben bleibt, dann hast du zwei Möglichkeiten: Du kannst deine Einnahmen erhöhen, z.B. durch einen Nebenjob. Du kannst aber auch Einsparungen vornehmen wie oben beschrieben, und daneben auf Ausgaben verzichten, die dir keinen echten Nutzen bieten. Neben dem Überblick über deine festen Kosten hilft dir ab Seite 26 die Ausgabenkontrolle, zu entscheiden, in welchen Bereichen du künftig deine Ausgaben verringern möchtest, um zu sparen.

Gehe nun Schritt für Schritt vor und trage zunächst ab der nächsten Seite alle regelmäßigen Ausgaben anhand deines Kontoauszugs bzw. deiner Kontoauszüge ein. Kreuze den Monat an, in dem die Ausgabe abgebucht wird, siehe Beispiel. Danach, auf S. 13 folgen deine regelmäßigen Barzahlungen.

Beispiel: Regelmäßige Ausgaben, die vom Konto abgebucht werden.

Was?	Wieviel?	Monat											
		1	2	3	4	5	6	7	8	9	10	11	12
Miete	550.-	x	x	x	x	x	x	x	x	x	x	x	x
KFZ Versicherung	120.-	x											
Kontogebühren	12.-			x			x			x			x
Amazon Prime	69.-							x					

Bank:_____   Konto-Nr._____

Regelmäßige Ausgaben, die vom Konto abgebucht werden.

Was?	Wieviel?	Monat											
		1	2	3	4	5	6	7	8	9	10	11	12

Bank:_____   Konto-Nr._____

Regelmäßige Ausgaben, die vom Konto abgebucht werden.

Was?	Wieviel?	Monat											
		1	2	3	4	5	6	7	8	9	10	11	12

Bank:_____   Konto-Nr._____

Regelmäßige Ausgaben, die vom Konto abgebucht werden.

Was?	Wieviel?	Monat											
		1	2	3	4	5	6	7	8	9	10	11	12

Bar

Regelmäßige Ausgaben, die du bar bezahlst, schreibst du hier auf.

Was?	Wieviel?	Monat											
		1	2	3	4	5	6	7	8	9	10	11	12

Monatliche Fixkosten

Jetzt ist ein Taschenrechner hilfreich, denn du sollst hier die Summen aller monatlich wiederkehrenden Kosten eintragen, solche über dein Konto bezahlte als auch bar bezahlte. Das verschafft dir den Überblick und erleichtert die Budgetplanung.

Zuerst schreibst du die Kosten heraus, die jeden Monat bezahlt werden müssen, also alle Kosten, bei denen du dein Kreuzchen durchgängig von 1 – 12 gemacht hast. Am besten markierst du diese Reihen mit einem farbigen Marker, damit du sie nachher bei der zweiten Ausrechnung nicht aus Versehen noch einmal mit einbeziehst.

Beispiel der Ausgaben, die vom Konto abgebucht oder bar bezahlt werden.

Was?	Wieviel?	Monat											
		1	2	3	4	5	6	7	8	9	10	11	12
Miete	550.-	x	x	x	x	x	x	x	x	x	x	x	x
KFZ Versicherung	120.-	x											
Kontogebühren	12.-			x			x			x			x
Handy	39.-	x	x	x	x	x	x	x	x	x	x	x	x

Beispiel der monatlichen Fixkosten

Was?	Wieviel?	Kündiigen?
Miete	550.-	☐
Handyvertrag	39.-	■
Summe	589.-	

Monatliche Fixkosten:

Was?	Wieviel?	Kündiigen?
_____	_____	☐
_____	_____	☐
_____	_____	☐
_____	_____	☐
_____	_____	☐
_____	_____	☐
_____	_____	☐
_____	_____	☐
_____	_____	☐
_____	_____	☐
_____	_____	☐
_____	_____	☐
_____	_____	☐
_____	_____	☐

Summe _____

Halten sich deine monatlichen Fixkosten im Rahmen? Wenn ja, ist alles gut! Wenn nein, dann überlege, was du künftig besser machen kannst.

Über das Jahr verteilte Fixkosten

Du kennst bereits deine monatlichen Kosten in der Gesamtsumme. Jetzt kommen die restlichen regelmäßigen Kosten dazu. Deren Summe musst du genauso kennen, um mit deinem Geld haushalten zu können. Liste deshalb die jährlich, halbjährlich oder quartalsweise zu bezahlenden Kosten auf, die in einem bestimmten Monat fällig werden und pass auf, dass du keinen Posten vergisst.

Die monatlichen Fixkosten, die du bereits errechnet hast, lässt du jetzt natürlich aus. Alle anderen Kosten werden zusammengerechnet. Für den Januar alle Summen, die unter Monat 1 ein Kreuzchen bekommen haben, für den Februar Summen, die unter Monat 2 ein Kreuzchen bekommen haben, und so fort. Auch hier ist natürlich wieder ein Taschenrechner von Nutzen.

Wenn du die festen Kosten eines Monats zusammengerechnet hast, dann teile den Gesamtbetrag durch die 12 Monate eines Jahres. Das wird künftig die Finanzlast verteilen. So wie im Beispiel unten kannst du den monatlichen Teilbetrag aufrunden.

Achtung: Den Gesamtbetrag, der in einem Monat fällig wird, musst du stets in deine monatliche Budgetberechnung (ab S. 24) einbeziehen.

Beispiel: Liste der übers Jahr verteilten Fixkosten

	Gesamtbetrag	Betrag verteilt auf 12 Monate
Januar	230.-	20.-
Februar	40.-	3,50
März	36.-	3.-

Liste der übers Jahr verteilten Fixkosten

	Gesamtbetrag	Betrag verteilt auf 12 Monate
Januar		
Februar		
März		
April		
Mai		
Juni		
Juli		
August		
September		
Oktober		
November		
Dezember		
Gesamtsummen		

Den Gesamtbetrag, den du auf die 12 Monate eines Jahres verteilt hast kannst du nun im nächsten Schritt jeden Monat als Sparbetrag in dein Budget einrechnen und zur Kontrolle dafür einen Sinking Funds anlegen (S. 120). Wenn du in deiner Fixkosten-Liste aber z.B. viele Abos hast, die du nicht nutzt und deshalb lieber kündigen willst, dann brauchst du auch die nachfolgende Liste, die alle festen Kosten einzeln aufführt.

Fixkosten in Kategorien gelistet

Jetzt kannst du alle Posten aus deinen Listen von Bank und Bar in Kategorien listen, außer denen, die jeden Monat zu bezahlen sind. Ermittle die Jahresgesamtsumme der einzelnen Positionen, indem du den Betrag, den du aufgeschrieben hast, mit der Menge an Kreuzchen aus den Monaten 1-12 multiplizierst. Wenn also ein Betrag z.B. an vier Terminen im Jahr bezahlt wird, dann musst du den Betrag mal vier nehmen.

Hast du die Jahresbeträge ermittelt, dann teile diese durch 12, um die monatliche Teilsumme zu errechnen.

Markiere dir solche Posten, die du zum nächstmöglichen Zeitpunkt kündigen möchtest. Nimm sie aber erst dann aus der Liste, wenn deine Kündigung bestätigt wurde und die letzte Zahlung erledigt ist. Wenn du, wie ganz zu Anfang empfohlen, mit Bleistift geschrieben hast, dann kannst du die Position entfernen und den künftig gesparten Betrag, von den Gesamtsummen abziehen.

Die Liste der Kategorien ist ebenfalls Grundlage für die Sinking Funds (S. 120). So hältst du deine Finanzen gut im Griff.

Beispiel Fixkosten in Kategorien

Kündigung vorgemerkt	Was?	Jahresbetrag	Umgerechneter monatlicher Betrag
	Autoversicherung	120.-	10.-
	Kontogebühren	48.-	4.-
Ja	Theater Abo	116.-	10.-
Anbieter-Wechsel?	Haftpflicht	81.-	7.-

Fixkosten in Kategorien

Kündigung vorgemerkt	Was?	Jahresbetrag	Umgerechneter monatlicher Betrag
	Gesamt		

2. Kapitel

Die Monatsplanung

Die Monatsplanung unterscheidet drei Teile:

1. Das Budget
2. Die variablen Kosten
3. Die Ausgabenkontrolle

Das Budget

Dein Monatsbudget ergibt sich aus deinen Einnahmen minus der *monatlichen* Fixkosten, sowie der monatlichen Sparrate für deine *jährlichen* Fixkosten. Diese Kosten hast du bereits notiert.

Der Geldbetrag, der dir von deinem Arbeitgeber und/oder aus anderen Quellen monatlich überwiesen wird, ist also nicht vollständig verfügbar. Erst wenn du von deinen monatlichen Einnahmen die im ersten Kapitel ermittelten Fixkosten abziehst, siehst du, welcher Geldbetrag dir tatsächlich zur Verfügung steht.

Dieser Betrag ist dein Budget, das für die variablen Ausgaben wie Ernährung, Kleidung, Sparen usw. eingeteilt werden kann.

Ab Seite 24 kannst du ein ganzes Jahr lang jeden Monat dein Budget aufstellen. Deine Einkäufe notierst du danach im Haushaltsbuch-Teil, um deine Ausgaben zu kontrollieren.

Die variablen Kosten

Dein Budget sagt dir, wie viel Geld dir tatsächlich im Monat zur Verfügung steht. Von dieser Summe musst du nun deine Lebenshaltungskosten bestreiten, sowie finanzielle Vorsorge betreiben. Die Einteilung deines Budgets kannst du direkt nach der Budget-Errechnung vornehmen, ab Seite 25. Berücksichtige dabei auch monatliche Rücklagen für Wünsche, die du dir erfüllen willst, wie z.B. einen Urlaub. Auch einen regelmäßigen Sparbetrag, um dir einen Notgroschen zu schaffen, solltest du berücksichtigen, oder - wenn du dafür schon gesorgt hast – für den Vermögensaufbau.

Rücklagen für zum Beispiel Autoreparaturen, die neue Waschmaschine, und dergleichen sind auch wichtig. Für diese Posten findest du beim Kapitel 3: Sinking Funds (ab S. 120) zusätzliche Vorlagen, die dir helfen, deine Sparerfolge greifbar zu machen.

Wenn du nur ein sehr kleines Budget hast, dann scheint dir die Bildung von Rücklagen und das Abzwacken von Sparbeträgen vielleicht extrem schwer. Versuche es trotzdem! Denke daran: Auch Kleinstbeträge, die du zurücklegen kannst, bringen dich weiter!

Ab Seite 24 kannst du deine monatlichen Budgetplanungen erstellen. Hierfür gibt es kein Beispiel, denn die Haupt-Rubriken sind vorgegeben und persönliche Einnahme-Ausgabe-Themen, die vielleicht nicht aufgeführt sind, kennst nur du selbst.

Links notierst du deine Einnahmen und Ausgaben, um dein Budget zu ermitteln. Rechts verteilst du das Budget auf die ver-schiedenen Rubriken. Häufige Ausgabeposten sind aufgelistet. Andere, die sich aus deinen persönlichen Lebensumständen ergeben, trägst du in die Leerzeilen ein. Die Summe der Geldbeträge aus den Rubriken muss am Ende der Budgetsumme entsprechen.

Die Rücklagen für deine fixen Kosten, sowie die Sparbeträge sind nicht weiter differenziert. Diese Beträge kannst du aber bei Bedarf bei den Sinking Funds ab S. 120 weiter aufteilen.

Ausgabenkontrolle: das Haushaltsbuch

Jetzt, nachdem du dein Budget kennst und aufgeteilt hast, geht es um die Kontrolle der Ausgaben mithilfe eines Haushaltsbuchs. Die Methode ist uralt, schon unsere Großeltern und Urgroßeltern haben es so gemacht. Das Haushaltsbuch hilft dir, Schwachstellen im Umgang mit deinen Finanzen aufzudecken, denn es zeigt gnadenlos, in welchem Bereich du dazu neigst, zu viel Geld auszugeben. Immerhin kannst du dann aber etwas dagegen tun.

Für die Ausgabenkontrolle sind in diesem Buch nachfolgend jeweils eine Seite für jede Woche eines Monats reserviert, also fünf Seiten pro Monat, sodass du genügend Raum hast, alle deine Ausgaben festzuhalten.

Lass dir für jeden Einkauf einen Kassenbon geben. Am besten notierst du gleich, wenn du zuhause bist und deine Einkäufe weggeräumt hast, die jeweiligen Summen, und zwar gleichgültig, ob du sie in Bar oder mit Kreditkarte bezahlst hast!

Wenn du keine Zeit hast, alle Einkäufe und Ausgaben sofort in dieses Buch zu schreiben, dann bewahre die Kassenbons an einem festen Ort auf, solange, bis du sie ins Haushaltsbuch übertragen kannst.

Halte auch deine Online-Einkäufe im Haushaltsbuch fest. Sie werden zwar in der Regel vom Konto abgebucht werden, aber du überblickst diese Bestellungen besser, wenn du sie im Haushaltsbuch festhältst. Das ist vor allem dann wichtig, wenn du viele Einkäufe über das Internet tätigst. Denke auch daran, für diese Fälle die eingeplanten Geldbeträge auf dem Konto stehen zu lassen.

Ordne deine Ausgaben stets in Kategorien ein. Notiere den Betrag und sobald in einer Kategorie weitere Einkäufe dazu kommen, auch die zusammengerechnete Summe, so wie im Beispiel auf der nächsten Seite. Hilfreich ist dabei eine farbige Markierung der Kategorien.

Du kannst die vorgegebenen Kategorien mitsamt den Nummern von S. 25 übernehmen. Übertragen ins Haushaltsbuch (ab S. 26) sieht das dann zum Beispiel so aus:

Haushaltsbuch Woche 1

Datum	Beschreibung	Kategorie	Betrag	Summe
02.08.22	Lebensmittel	1	50,21	50,21
03.08.22	Klopapier	3	3,30	3,30
05.08.22	Fußpflege	4	28.-	
05.08.22	Waschpulver	3	4,99	8,29

Immer, nach der fünften Woche eines Monats, am Ende deiner Eintragungen, kannst du ein Fazit ziehen und dir Vorsätze für den nächsten Monat notieren.

Monat _____

Budgetplanung

Einnahmen:		Ausgaben Fix:	
Lohn/Gehalt	_____	Monatliche Fixkosten	_____
Kindergeld	_____	von Seite 15	
Rente	_____		
Mieteinnahmen	_____	Jährliche Fixkosten	_____
Nebenjob	_____	Monatsrate S. 17	
Urlaubsgeld	_____		
Weihnachtsgeld	_____		
Steuerrückerstattung	_____		
Privatverkäufe aus	_____		
dem vorhergehenden			
Monat, z.B. eBay			

------------------------   _____

------------------------   _____

------------------------   _____

------------------------   _____

| Summe | _____ | | _____ |

Einnahmen   _____

- Fixkosten   _____

_____

Budget   _____

Ermitteltes Budget _____

Aufteilung:

1 Lebensmittel/Ernährung   _____

2 Genussmittel wie Tabak, Alkohol   _____

3 Drogerie (Körperpflege, Wasch- und Putzmittel)   _____

4 Fußpflege/Nagelstudio   _____

5 Medikamente   _____

6 Kleidung   _____

7 Ausgehen/Spaß   _____

8 Unterhaltung/Bildung   _____

9 Taschengelder   _____

10 Öffentliche Verkehrsmittel   _____

11 Benzin   _____

12 Online Einkauf, z.B. Amazon   _____

13 Geschenke   _____

14 Rücklage Auto/Roller /Motorrad   _____

15 Rücklage Urlaub   _____

16 Notgroschen Sparrate   _____

17 Vermögensaufbau Sparrate   _____

18 Rücklagen Diverses   _____

19 _____   _____

20 _____   _____

21 _____   _____

22 _____   _____

23 _____   _____

24 _____   _____

Kontroll-Summe   _____

Haushaltsbuch Woche 1

Datum	Beschreibung	Kategorie	Betrag	Summe

Haushaltsbuch Woche 2

Datum	Beschreibung	Kategorie	Betrag	Summe

Haushaltsbuch Woche 3

Datum	Beschreibung	Kategorie	Betrag	Summe

Haushaltsbuch Woche 4

Datum	Beschreibung	Kategorie	Betrag	Summe

Haushaltsbuch Woche 5

Datum	Beschreibung	Kategorie	Betrag	Summe

Fazit am Monatsende

Das war mein Budget: _____

Meine Ausgaben:

Woche 1 _____

Woche 2 _____

Woche 3 _____

Woche 4 _____

Woche 5 _____

Summe _____

Gibt es Kategorien, wo du zukünftig weniger ausgeben möchtest?
Deine Antwort:

_____

_____

Ist von deinem Budget Geld übrig geblieben?

Wenn ja, Gratulation! Du kannst dir zur Belohnung einen Teilbetrag abzwacken, um dir eine Kleinigkeit zu gönnen. Den Rest deines übrig gebliebenen Geldes solltest du im nächsten Schritt in einen Sinking Funds (siehe Seite 120) einzahlen, um einem größeren Ziel einen Schritt näher zu kommen.

Wenn nichts übrig geblieben ist, was kannst du nächsten Monat anders machen? Schreibe deine Vorsätze auf!

_____

_____

Monat _____

Budgetplanung

Einnahmen:		Ausgaben Fix:	
Lohn/Gehalt	_____	Monatliche Fixkosten	_____
Kindergeld	_____	von Seite 15	
Rente	_____		
Mieteinnahmen	_____	Jährliche Fixkosten	_____
Nebenjob	_____	Monatsrate S. 17	
Urlaubsgeld	_____		
Weihnachtsgeld	_____		
Steuerrückerstattung	_____		
Privatverkäufe aus	_____		
dem vorhergehenden			
Monat, z.B. eBay			

-----------------------   _____

-----------------------   _____

-----------------------   _____

-----------------------   _____

Summe   _____   _____

Einnahmen   _____

- Fixkosten   _____

_____

Budget   _____

Ermitteltes Budget _____

Aufteilung:

1 Lebensmittel/Ernährung _____

2 Genussmittel wie Tabak, Alkohol _____

3 Drogerie (Körperpflege, Wasch- und Putzmittel) _____

4 Fußpflege/Nagelstudio _____

5 Medikamente _____

6 Kleidung _____

7 Ausgehen/Spaß _____

8 Unterhaltung/Bildung _____

9 Taschengelder _____

10 Öffentliche Verkehrsmittel _____

11 Benzin _____

12 Online Einkauf, z.B. Amazon _____

13 Geschenke _____

14 Rücklage Auto/Roller /Motorrad _____

15 Rücklage Urlaub _____

16 Notgroschen Sparrate _____

17 Vermögensaufbau Sparrate _____

18 Rücklagen Diverses _____

19 _____ _____

20 _____ _____

21 _____ _____

22 _____ _____

23 _____ _____

24 _____ _____

Kontroll-Summe _____

Haushaltsbuch Woche 1

Datum	Beschreibung	Kategorie	Betrag	Summe

Haushaltsbuch Woche 2

Datum	Beschreibung	Kategorie	Betrag	Summe

Haushaltsbuch Woche 3

Datum	Beschreibung	Kategorie	Betrag	Summe

Haushaltsbuch Woche 4

Datum	Beschreibung	Kategorie	Betrag	Summe

Haushaltsbuch Woche 5

Datum	Beschreibung	Kategorie	Betrag	Summe

Fazit am Monatsende

Das war mein Budget: _____

Meine Ausgaben:

Woche 1   _____

Woche 2   _____

Woche 3   _____

Woche 4   _____

Woche 5   _____

Summe   _____

Gibt es Kategorien, wo du zukünftig weniger ausgeben möchtest?
Deine Antwort:

_____

_____

Ist von deinem Budget Geld übrig geblieben?

Wenn ja, Gratulation! Du kannst dir zur Belohnung einen Teilbetrag abzwacken, um dir eine Kleinigkeit zu gönnen. Den Rest deines übrig gebliebenen Geldes solltest du im nächsten Schritt in einen Sinking Funds (siehe Seite 120) einzahlen, um einem größeren Ziel einen Schritt näher zu kommen.

Wenn nichts übrig geblieben ist, was kannst du nächsten Monat anders machen? Schreibe deine Vorsätze auf!

_____

_____

Monat _____

Budgetplanung

Einnahmen: Ausgaben Fix:

Lohn/Gehalt   _____   Monatliche Fixkosten   _____

Kindergeld   _____

Rente   _____   von Seite 15

Mieteinnahmen   _____   Jährliche Fixkosten   _____

Nebenjob   _____   Monatsrate S. 17

Urlaubsgeld   _____

Weihnachtsgeld   _____

Steuerrückerstattung _____

Privatverkäufe aus   _____

dem vorhergehenden

Monat, z.B. eBay

------------------------   _____

------------------------   _____

------------------------   _____

------------------------   _____

Summe   _____   _____

Einnahmen   _____

- Fixkosten   _____
_____

Budget   _____

Ermitteltes Budget _____

Aufteilung:

1 Lebensmittel/Ernährung _____

2 Genussmittel wie Tabak, Alkohol _____

3 Drogerie (Körperpflege, Wasch- und Putzmittel) _____

4 Fußpflege/Nagelstudio _____

5 Medikamente _____

6 Kleidung _____

7 Ausgehen/Spaß _____

8 Unterhaltung/Bildung _____

9 Taschengelder _____

10 Öffentliche Verkehrsmittel _____

11 Benzin _____

12 Online Einkauf, z.B. Amazon _____

13 Geschenke _____

14 Rücklage Auto/Roller /Motorrad _____

15 Rücklage Urlaub _____

16 Notgroschen Sparrate _____

17 Vermögensaufbau Sparrate _____

18 Rücklagen Diverses _____

19 _____ _____

20 _____ _____

21 _____ _____

22 _____ _____

23 _____ _____

24 _____ _____

Kontroll-Summe _____

Haushaltsbuch Woche 1

Datum	Beschreibung	Kategorie	Betrag	Summe

Haushaltsbuch Woche 2

Datum	Beschreibung	Kategorie	Betrag	Summe

Haushaltsbuch Woche 3

Datum	Beschreibung	Kategorie	Betrag	Summe

Haushaltsbuch Woche 4

Datum	Beschreibung	Kategorie	Betrag	Summe

Haushaltsbuch Woche 5

Datum	Beschreibung	Kategorie	Betrag	Summe

Fazit am Monatsende

Das war mein Budget: _____

Meine Ausgaben:

Woche 1   _____

Woche 2   _____

Woche 3   _____

Woche 4   _____

Woche 5   _____

Summe   _____

Gibt es Kategorien, wo du zukünftig weniger ausgeben möchtest?
Deine Antwort:

_____

_____

Ist von deinem Budget Geld übrig geblieben?

Wenn ja, Gratulation! Du kannst dir zur Belohnung einen Teilbetrag abzwacken, um dir eine Kleinigkeit zu gönnen. Den Rest deines übrig gebliebenen Geldes solltest du im nächsten Schritt in einen Sinking Funds (siehe Seite 120) einzahlen, um einem größeren Ziel einen Schritt näher zu kommen.

Wenn nichts übrig geblieben ist, was kannst du nächsten Monat anders machen? Schreibe deine Vorsätze auf!

_____

_____

Monat _____

Budgetplanung

Einnahmen:		Ausgaben Fix:	
Lohn/Gehalt	_____	Monatliche Fixkosten	_____
Kindergeld	_____	von Seite 15	
Rente	_____		
Mieteinnahmen	_____	Jährliche Fixkosten	_____
Nebenjob	_____	Monatsrate S. 17	
Urlaubsgeld	_____		
Weihnachtsgeld	_____		
Steuerrückerstattung	_____		
Privatverkäufe aus	_____		
dem vorhergehenden			
Monat, z.B. eBay			

------------------------   _____

------------------------   _____

------------------------   _____

------------------------   _____

Summe   _____   _____

Einnahmen   _____

- Fixkosten   _____

_____

Budget   _____

Ermitteltes Budget _____

Aufteilung:

1 Lebensmittel/Ernährung _____

2 Genussmittel wie Tabak, Alkohol _____

3 Drogerie (Körperpflege, Wasch- und Putzmittel) _____

4 Fußpflege/Nagelstudio _____

5 Medikamente _____

6 Kleidung _____

7 Ausgehen/Spaß _____

8 Unterhaltung/Bildung _____

9 Taschengelder _____

10 Öffentliche Verkehrsmittel _____

11 Benzin _____

12 Online Einkauf, z.B. Amazon _____

13 Geschenke _____

14 Rücklage Auto/Roller /Motorrad _____

15 Rücklage Urlaub _____

16 Notgroschen Sparrate _____

17 Vermögensaufbau Sparrate _____

18 Rücklagen Diverses _____

19 _____ _____

20 _____ _____

21 _____ _____

22 _____ _____

23 _____ _____

24 _____ _____

Kontroll-Summe _____

Haushaltsbuch Woche 1

Datum	Beschreibung	Kategorie	Betrag	Summe

Haushaltsbuch Woche 2

Datum	Beschreibung	Kategorie	Betrag	Summe

Haushaltsbuch Woche 3

Datum	Beschreibung	Kategorie	Betrag	Summe

Haushaltsbuch Woche 4

Datum	Beschreibung	Kategorie	Betrag	Summe

Haushaltsbuch Woche 5

Datum	Beschreibung	Kategorie	Betrag	Summe

Fazit am Monatsende

Das war mein Budget: _____

Meine Ausgaben:

Woche 1 _____

Woche 2 _____

Woche 3 _____

Woche 4 _____

Woche 5 _____

Summe _____

Gibt es Kategorien, wo du zukünftig weniger ausgeben möchtest?
Deine Antwort:

_____

_____

Ist von deinem Budget Geld übrig geblieben?

Wenn ja, Gratulation! Du kannst dir zur Belohnung einen Teilbetrag abzwacken, um dir eine Kleinigkeit zu gönnen. Den Rest deines übrig gebliebenen Geldes solltest du im nächsten Schritt in einen Sinking Funds (siehe Seite 120) einzahlen, um einem größeren Ziel einen Schritt näher zu kommen.

Wenn nichts übrig geblieben ist, was kannst du nächsten Monat anders machen? Schreibe deine Vorsätze auf!

_____

_____

Monat _____

Budgetplanung

Einnahmen:		Ausgaben Fix:	
Lohn/Gehalt	_____	Monatliche Fixkosten	_____
Kindergeld	_____	von Seite 15	
Rente	_____		
Mieteinnahmen	_____	Jährliche Fixkosten	_____
Nebenjob	_____	Monatsrate S. 17	
Urlaubsgeld	_____		
Weihnachtsgeld	_____		
Steuerrückerstattung	_____		
Privatverkäufe aus	_____		

dem vorhergehenden
Monat, z.B. eBay

-----------------------   _____

-----------------------   _____

-----------------------   _____

-----------------------   _____

Summe   _____   _____

Einnahmen   _____

- Fixkosten   _____

_____

Budget   _____

Ermitteltes Budget _____

Aufteilung:

1 Lebensmittel/Ernährung   _____

2 Genussmittel wie Tabak, Alkohol   _____

3 Drogerie (Körperpflege, Wasch- und Putzmittel)   _____

4 Fußpflege/Nagelstudio   _____

5 Medikamente   _____

6 Kleidung   _____

7 Ausgehen/Spaß   _____

8 Unterhaltung/Bildung   _____

9 Taschengelder   _____

10 Öffentliche Verkehrsmittel   _____

11 Benzin   _____

12 Online Einkauf, z.B. Amazon   _____

13 Geschenke   _____

14 Rücklage Auto/Roller /Motorrad   _____

15 Rücklage Urlaub   _____

16 Notgroschen Sparrate   _____

17 Vermögensaufbau Sparrate   _____

18 Rücklagen Diverses   _____

19 _____   _____

20 _____   _____

21 _____   _____

22 _____   _____

23 _____   _____

24 _____   _____

Kontroll-Summe _____

Haushaltsbuch Woche 1

Datum	Beschreibung	Kategorie	Betrag	Summe

Haushaltsbuch Woche 2

Datum	Beschreibung	Kategorie	Betrag	Summe

Haushaltsbuch Woche 3

Datum	Beschreibung	Kategorie	Betrag	Summe

Haushaltsbuch Woche 4

Datum	Beschreibung	Kategorie	Betrag	Summe

Haushaltsbuch Woche 5

Datum	Beschreibung	Kategorie	Betrag	Summe

Fazit am Monatsende

Das war mein Budget: _____

Meine Ausgaben:

Woche 1 _____

Woche 2 _____

Woche 3 _____

Woche 4 _____

Woche 5 _____

Summe _____

Gibt es Kategorien, wo du zukünftig weniger ausgeben möchtest?

Deine Antwort:

_____

_____

Ist von deinem Budget Geld übrig geblieben?

Wenn ja, Gratulation! Du kannst dir zur Belohnung einen Teilbetrag abzwacken, um dir eine Kleinigkeit zu gönnen. Den Rest deines übrig gebliebenen Geldes solltest du im nächsten Schritt in einen Sinking Funds (siehe Seite 120) einzahlen, um einem größeren Ziel einen Schritt näher zu kommen.

Wenn nichts übrig geblieben ist, was kannst du nächsten Monat anders machen? Schreibe deine Vorsätze auf!

_____

_____

Monat _____

Budgetplanung

Einnahmen:

		Ausgaben Fix:	
Lohn/Gehalt	_____	Monatliche Fixkosten	_____
Kindergeld	_____	von Seite 15	
Rente	_____		
Mieteinnahmen	_____	Jährliche Fixkosten	_____
Nebenjob	_____	Monatsrate S. 17	
Urlaubsgeld	_____		
Weihnachtsgeld	_____		
Steuerrückerstattung	_____		
Privatverkäufe aus	_____		

dem vorhergehenden
Monat, z.B. eBay

------------------------   _____

------------------------   _____

------------------------   _____

------------------------   _____

Summe   _____   _____

Einnahmen   _____

- Fixkosten   _____

_____

Budget   _____

Ermitteltes Budget _____

Aufteilung:

1 Lebensmittel/Ernährung _____

2 Genussmittel wie Tabak, Alkohol _____

3 Drogerie (Körperpflege, Wasch- und Putzmittel) _____

4 Fußpflege/Nagelstudio _____

5 Medikamente _____

6 Kleidung _____

7 Ausgehen/Spaß _____

8 Unterhaltung/Bildung _____

9 Taschengelder _____

10 Öffentliche Verkehrsmittel _____

11 Benzin _____

12 Online Einkauf, z.B. Amazon _____

13 Geschenke _____

14 Rücklage Auto/Roller /Motorrad _____

15 Rücklage Urlaub _____

16 Notgroschen Sparrate _____

17 Vermögensaufbau Sparrate _____

18 Rücklagen Diverses _____

19 _____ _____

20 _____ _____

21 _____ _____

22 _____ _____

23 _____ _____

24 _____ _____

Kontroll-Summe _____

Haushaltsbuch Woche 1

Datum	Beschreibung	Kategorie	Betrag	Summe

Haushaltsbuch Woche 2

Datum	Beschreibung	Kategorie	Betrag	Summe

Haushaltsbuch Woche 3

Datum	Beschreibung	Kategorie	Betrag	Summe

Haushaltsbuch Woche 4

Datum	Beschreibung	Kategorie	Betrag	Summe

Haushaltsbuch Woche 5

Datum	Beschreibung	Kategorie	Betrag	Summe

Fazit am Monatsende

Das war mein Budget: _____

Meine Ausgaben:

Woche 1 _____

Woche 2 _____

Woche 3 _____

Woche 4 _____

Woche 5 _____

Summe _____

Gibt es Kategorien, wo du zukünftig weniger ausgeben möchtest?
Deine Antwort:

_____

_____

Ist von deinem Budget Geld übrig geblieben?

Wenn ja, Gratulation! Du kannst dir zur Belohnung einen Teilbetrag abzwacken, um dir eine Kleinigkeit zu gönnen. Den Rest deines übrig gebliebenen Geldes solltest du im nächsten Schritt in einen Sinking Funds (siehe Seite 120) einzahlen, um einem größeren Ziel einen Schritt näher zu kommen.

Wenn nichts übrig geblieben ist, was kannst du nächsten Monat anders machen? Schreibe deine Vorsätze auf!

_____

_____

Monat _____

Budgetplanung

Einnahmen: **Ausgaben Fix:**

Lohn/Gehalt   _____   Monatliche Fixkosten   _____

Kindergeld   _____   von Seite 15

Rente   _____

Mieteinnahmen   _____   Jährliche Fixkosten   _____

Nebenjob   _____   Monatsrate S. 17

Urlaubsgeld   _____

Weihnachtsgeld   _____

Steuerrückerstattung   _____

Privatverkäufe aus   _____

dem vorhergehenden

Monat, z.B. eBay

------------------------   _____

------------------------   _____

------------------------   _____

------------------------   _____

Summe   _____   _____

Einnahmen   _____

- Fixkosten   _____

_____

Budget   _____

Ermitteltes Budget _____

Aufteilung:

1 Lebensmittel/Ernährung _____

2 Genussmittel wie Tabak, Alkohol _____

3 Drogerie (Körperpflege, Wasch- und Putzmittel) _____

4 Fußpflege/Nagelstudio _____

5 Medikamente _____

6 Kleidung _____

7 Ausgehen/Spaß _____

8 Unterhaltung/Bildung _____

9 Taschengelder _____

10 Öffentliche Verkehrsmittel _____

11 Benzin _____

12 Online Einkauf, z.B. Amazon _____

13 Geschenke _____

14 Rücklage Auto/Roller /Motorrad _____

15 Rücklage Urlaub _____

16 Notgroschen Sparrate _____

17 Vermögensaufbau Sparrate _____

18 Rücklagen Diverses _____

19 _____ _____

20 _____ _____

21 _____ _____

22 _____ _____

23 _____ _____

24 _____ _____

Kontroll-Summe _____

Haushaltsbuch Woche 1

Datum	Beschreibung	Kategorie	Betrag	Summe

Haushaltsbuch Woche 2

Datum	Beschreibung	Kategorie	Betrag	Summe

Haushaltsbuch Woche 3

Datum	Beschreibung	Kategorie	Betrag	Summe

Haushaltsbuch Woche 4

Datum	Beschreibung	Kategorie	Betrag	Summe

Haushaltsbuch Woche 5

Datum	Beschreibung	Kategorie	Betrag	Summe

Fazit am Monatsende

Das war mein Budget: _____

Meine Ausgaben:

Woche 1   _____

Woche 2   _____

Woche 3   _____

Woche 4   _____

Woche 5   _____

Summe   _____

Gibt es Kategorien, wo du zukünftig weniger ausgeben möchtest?

Deine Antwort:

_____

_____

Ist von deinem Budget Geld übrig geblieben?

Wenn ja, Gratulation! Du kannst dir zur Belohnung einen Teilbetrag abzwacken, um dir eine Kleinigkeit zu gönnen. Den Rest deines übrig gebliebenen Geldes solltest du im nächsten Schritt in einen Sinking Funds (siehe Seite 120) einzahlen, um einem größeren Ziel einen Schritt näher zu kommen.

Wenn nichts übrig geblieben ist, was kannst du nächsten Monat anders machen? Schreibe deine Vorsätze auf!

_____

_____

Monat _____

Budgetplanung

Einnahmen: Ausgaben Fix:

Lohn/Gehalt   _____   Monatliche Fixkosten   _____
Kindergeld   _____   von Seite 15
Rente   _____
Mieteinnahmen   _____   Jährliche Fixkosten   _____
Nebenjob   _____   Monatsrate S. 17
Urlaubsgeld   _____
Weihnachtsgeld   _____
Steuerrückerstattung _____
Privatverkäufe aus   _____
dem vorhergehenden
Monat, z.B. eBay

----------------------   _____
----------------------   _____
----------------------   _____
----------------------   _____

Summe   _____   _____

Einnahmen   _____
- Fixkosten   _____
_____
Budget   _____

80

Ermitteltes Budget _____

Aufteilung:

1 Lebensmittel/Ernährung   _____

2 Genussmittel wie Tabak, Alkohol   _____

3 Drogerie (Körperpflege, Wasch- und Putzmittel)   _____

4 Fußpflege/Nagelstudio   _____

5 Medikamente   _____

6 Kleidung   _____

7 Ausgehen/Spaß   _____

8 Unterhaltung/Bildung   _____

9 Taschengelder   _____

10 Öffentliche Verkehrsmittel   _____

11 Benzin   _____

12 Online Einkauf, z.B. Amazon   _____

13 Geschenke   _____

14 Rücklage Auto/Roller /Motorrad   _____

15 Rücklage Urlaub   _____

16 Notgroschen Sparrate   _____

17 Vermögensaufbau Sparrate   _____

18 Rücklagen Diverses   _____

19 _____   _____

20 _____   _____

21 _____   _____

22 _____   _____

23 _____   _____

24 _____   _____

Kontroll-Summe   _____

Haushaltsbuch Woche 1

Datum	Beschreibung	Kategorie	Betrag	Summe

Haushaltsbuch Woche 2

Datum	Beschreibung	Kategorie	Betrag	Summe

Haushaltsbuch Woche 3

Datum	Beschreibung	Kategorie	Betrag	Summe

Haushaltsbuch Woche 4

Datum	Beschreibung	Kategorie	Betrag	Summe

Haushaltsbuch Woche 5

Datum	Beschreibung	Kategorie	Betrag	Summe

Fazit am Monatsende

Das war mein Budget: _____

Meine Ausgaben:

Woche 1   _____

Woche 2   _____

Woche 3   _____

Woche 4   _____

Woche 5   _____

Summe   _____

Gibt es Kategorien, wo du zukünftig weniger ausgeben möchtest?

Deine Antwort:

_____

_____

Ist von deinem Budget Geld übrig geblieben?

Wenn ja, Gratulation! Du kannst dir zur Belohnung einen Teilbetrag abzwacken, um dir eine Kleinigkeit zu gönnen. Den Rest deines übrig gebliebenen Geldes solltest du im nächsten Schritt in einen Sinking Funds (siehe Seite 120) einzahlen, um einem größeren Ziel einen Schritt näher zu kommen.

Wenn nichts übrig geblieben ist, was kannst du nächsten Monat anders machen? Schreibe deine Vorsätze auf!

_____

_____

Monat _____

Budgetplanung

Einnahmen:

Lohn/Gehalt	_____
Kindergeld	_____
Rente	_____
Mieteinnahmen	_____
Nebenjob	_____
Urlaubsgeld	_____
Weihnachtsgeld	_____
Steuerrückerstattung	_____
Privatverkäufe aus	_____
dem vorhergehenden	
Monat, z.B. eBay	

------------------------ _____

------------------------ _____

------------------------ _____

------------------------ _____

Summe   _____

Ausgaben Fix:

Monatliche Fixkosten   _____
von Seite 15

Jährliche Fixkosten   _____
Monatsrate S. 17

                                        _____

Einnahmen   _____
- Fixkosten   _____
_____
Budget   _____

Ermitteltes Budget _____

Aufteilung:

1 Lebensmittel/Ernährung _____

2 Genussmittel wie Tabak, Alkohol _____

3 Drogerie (Körperpflege, Wasch- und Putzmittel) _____

4 Fußpflege/Nagelstudio _____

5 Medikamente _____

6 Kleidung _____

7 Ausgehen/Spaß _____

8 Unterhaltung/Bildung _____

9 Taschengelder _____

10 Öffentliche Verkehrsmittel _____

11 Benzin _____

12 Online Einkauf, z.B. Amazon _____

13 Geschenke _____

14 Rücklage Auto/Roller /Motorrad _____

15 Rücklage Urlaub _____

16 Notgroschen Sparrate _____

17 Vermögensaufbau Sparrate _____

18 Rücklagen Diverses _____

19 _____ _____

20 _____ _____

21 _____ _____

22 _____ _____

23 _____ _____

24 _____ _____

Kontroll-Summe _____

Haushaltsbuch Woche 1

Datum	Beschreibung	Kategorie	Betrag	Summe

Haushaltsbuch Woche 2

Datum	Beschreibung	Kategorie	Betrag	Summe

Haushaltsbuch Woche 3

Datum	Beschreibung	Kategorie	Betrag	Summe

Haushaltsbuch Woche 4

Datum	Beschreibung	Kategorie	Betrag	Summe

Haushaltsbuch Woche 5

Datum	Beschreibung	Kategorie	Betrag	Summe

Fazit am Monatsende

Das war mein Budget: _____

Meine Ausgaben:

Woche 1 _____

Woche 2 _____

Woche 3 _____

Woche 4 _____

Woche 5 _____

Summe _____

Gibt es Kategorien, wo du zukünftig weniger ausgeben möchtest?

Deine Antwort:

_____

_____

Ist von deinem Budget Geld übrig geblieben?

Wenn ja, Gratulation! Du kannst dir zur Belohnung einen Teilbetrag abzwacken, um dir eine Kleinigkeit zu gönnen. Den Rest deines übrig gebliebenen Geldes solltest du im nächsten Schritt in einen Sinking Funds (siehe Seite 120) einzahlen, um einem größeren Ziel einen Schritt näher zu kommen.

Wenn nichts übrig geblieben ist, was kannst du nächsten Monat anders machen? Schreibe deine Vorsätze auf!

_____

_____

Monat _____

Budgetplanung

Einnahmen:

Lohn/Gehalt _____

Kindergeld _____

Rente _____

Mieteinnahmen _____

Nebenjob _____

Urlaubsgeld _____

Weihnachtsgeld _____

Steuerrückerstattung _____

Privatverkäufe aus _____
dem vorhergehenden
Monat, z.B. eBay

----------------------- _____

----------------------- _____

----------------------- _____

----------------------- _____

Summe _____

Ausgaben Fix:

Monatliche Fixkosten _____
von Seite 15

Jährliche Fixkosten _____
Monatsrate S. 17

_____

Einnahmen _____

- Fixkosten _____

_____

Budget _____

96

Ermitteltes Budget _____

Aufteilung:

1 Lebensmittel/Ernährung _____

2 Genussmittel wie Tabak, Alkohol _____

3 Drogerie (Körperpflege, Wasch- und Putzmittel) _____

4 Fußpflege/Nagelstudio _____

5 Medikamente _____

6 Kleidung _____

7 Ausgehen/Spaß _____

8 Unterhaltung/Bildung _____

9 Taschengelder _____

10 Öffentliche Verkehrsmittel _____

11 Benzin _____

12 Online Einkauf, z.B. Amazon _____

13 Geschenke _____

14 Rücklage Auto/Roller /Motorrad _____

15 Rücklage Urlaub _____

16 Notgroschen Sparrate _____

17 Vermögensaufbau Sparrate _____

18 Rücklagen Diverses _____

19 _____ _____

20 _____ _____

21 _____ _____

22 _____ _____

23 _____ _____

24 _____ _____

Kontroll-Summe _____

Haushaltsbuch Woche 1

Datum	Beschreibung	Kategorie	Betrag	Summe

Haushaltsbuch Woche 2

Datum	Beschreibung	Kategorie	Betrag	Summe

Haushaltsbuch Woche 3

Datum	Beschreibung	Kategorie	Betrag	Summe

Haushaltsbuch Woche 4

Datum	Beschreibung	Kategorie	Betrag	Summe

Haushaltsbuch Woche 5

Datum	Beschreibung	Kategorie	Betrag	Summe

Fazit am Monatsende

Das war mein Budget: _____

Meine Ausgaben:

Woche 1   _____

Woche 2   _____

Woche 3   _____

Woche 4   _____

Woche 5   _____

Summe   _____

Gibt es Kategorien, wo du zukünftig weniger ausgeben möchtest?

Deine Antwort:

_____

_____

Ist von deinem Budget Geld übrig geblieben?

Wenn ja, Gratulation! Du kannst dir zur Belohnung einen Teilbetrag abzwacken, um dir eine Kleinigkeit zu gönnen. Den Rest deines übrig gebliebenen Geldes solltest du im nächsten Schritt in einen Sinking Funds (siehe Seite 120) einzahlen, um einem größeren Ziel einen Schritt näher zu kommen.

Wenn nichts übrig geblieben ist, was kannst du nächsten Monat anders machen? Schreibe deine Vorsätze auf!

_____

_____

Monat _____

Budgetplanung

Einnahmen: Ausgaben Fix:

Lohn/Gehalt   _____   Monatliche Fixkosten   _____

Kindergeld   _____   von Seite 15

Rente   _____

Mieteinnahmen   _____   Jährliche Fixkosten   _____

Nebenjob   _____   Monatsrate S. 17

Urlaubsgeld   _____

Weihnachtsgeld   _____

Steuerrückerstattung _____

Privatverkäufe aus   _____

dem vorhergehenden

Monat, z.B. eBay

----------------------   _____

----------------------   _____

----------------------   _____

----------------------   _____

Summe   _____   _____

Einnahmen   _____

- Fixkosten   _____

_____

Budget   _____

Ermitteltes Budget _____

Aufteilung:

1 Lebensmittel/Ernährung   _____

2 Genussmittel wie Tabak, Alkohol   _____

3 Drogerie (Körperpflege, Wasch- und Putzmittel) _____

4 Fußpflege/Nagelstudio   _____

5 Medikamente   _____

6 Kleidung   _____

7 Ausgehen/Spaß   _____

8 Unterhaltung/Bildung   _____

9 Taschengelder   _____

10 Öffentliche Verkehrsmittel   _____

11 Benzin   _____

12 Online Einkauf, z.B. Amazon   _____

13 Geschenke   _____

14 Rücklage Auto/Roller /Motorrad _____

15 Rücklage Urlaub   _____

16 Notgroschen Sparrate   _____

17 Vermögensaufbau Sparrate   _____

18 Rücklagen Diverses   _____

19 _____ _____

20 _____ _____

21 _____ _____

22 _____ _____

23 _____ _____

24 _____ _____

Kontroll-Summe   _____

Haushaltsbuch Woche 1

Datum	Beschreibung	Kategorie	Betrag	Summe

Haushaltsbuch Woche 2

Datum	Beschreibung	Kategorie	Betrag	Summe

Haushaltsbuch Woche 3

Datum	Beschreibung	Kategorie	Betrag	Summe

Haushaltsbuch Woche 4

Datum	Beschreibung	Kategorie	Betrag	Summe

Haushaltsbuch Woche 5

Datum	Beschreibung	Kategorie	Betrag	Summe

Fazit am Monatsende

Das war mein Budget: _____

Meine Ausgaben:

Woche 1   _____

Woche 2   _____

Woche 3   _____

Woche 4   _____

Woche 5   _____

Summe   _____

Gibt es Kategorien, wo du zukünftig weniger ausgeben möchtest?

Deine Antwort:

_____

_____

Ist von deinem Budget Geld übrig geblieben?

Wenn ja, Gratulation! Du kannst dir zur Belohnung einen Teilbetrag abzwacken, um dir eine Kleinigkeit zu gönnen. Den Rest deines übrig gebliebenen Geldes solltest du im nächsten Schritt in einen Sinking Funds (siehe Seite 120) einzahlen, um einem größeren Ziel einen Schritt näher zu kommen.

Wenn nichts übrig geblieben ist, was kannst du nächsten Monat anders machen? Schreibe deine Vorsätze auf!

_____

_____

Monat _____

Budgetplanung

Einnahmen:

		Ausgaben Fix:	
Lohn/Gehalt	_____	Monatliche Fixkosten	_____
Kindergeld	_____	von Seite 15	
Rente	_____		
Mieteinnahmen	_____	Jährliche Fixkosten	_____
Nebenjob	_____	Monatsrate S. 17	
Urlaubsgeld	_____		
Weihnachtsgeld	_____		
Steuerrückerstattung	_____		
Privatverkäufe aus	_____		

dem vorhergehenden

Monat, z.B. eBay

------------------------   _____

------------------------   _____

------------------------   _____

------------------------   _____

Summe   _____   _____

Einnahmen   _____

- Fixkosten   _____

_____

Budget   _____

Ermitteltes Budget _____

Aufteilung:

1 Lebensmittel/Ernährung   _____

2 Genussmittel wie Tabak, Alkohol   _____

3 Drogerie (Körperpflege, Wasch- und Putzmittel)   _____

4 Fußpflege/Nagelstudio   _____

5 Medikamente   _____

6 Kleidung   _____

7 Ausgehen/Spaß   _____

8 Unterhaltung/Bildung   _____

9 Taschengelder   _____

10 Öffentliche Verkehrsmittel   _____

11 Benzin   _____

12 Online Einkauf, z.B. Amazon   _____

13 Geschenke   _____

14 Rücklage Auto/Roller /Motorrad   _____

15 Rücklage Urlaub   _____

16 Notgroschen Sparrate   _____

17 Vermögensaufbau Sparrate   _____

18 Rücklagen Diverses   _____

19 _____   _____

20 _____   _____

21 _____   _____

22 _____   _____

23 _____   _____

24 _____   _____

Kontroll-Summe   _____

Haushaltsbuch Woche 1

Datum	Beschreibung	Kategorie	Betrag	Summe

Haushaltsbuch Woche 2

Datum	Beschreibung	Kategorie	Betrag	Summe

Haushaltsbuch Woche 3

Datum	Beschreibung	Kategorie	Betrag	Summe

Haushaltsbuch Woche 4

Datum	Beschreibung	Kategorie	Betrag	Summe

Haushaltsbuch Woche 5

Datum	Beschreibung	Kategorie	Betrag	Summe

Fazit am Monatsende

Das war mein Budget: _____

Meine Ausgaben:

Woche 1   _____

Woche 2   _____

Woche 3   _____

Woche 4   _____

Woche 5   _____

Summe   _____

Gibt es Kategorien, wo du zukünftig weniger ausgeben möchtest?
Deine Antwort:

_____

_____

Ist von deinem Budget Geld übrig geblieben?

Wenn ja, Gratulation! Du kannst dir zur Belohnung einen Teilbetrag abzwacken, um dir eine Kleinigkeit zu gönnen. Den Rest deines übrig gebliebenen Geldes solltest du im nächsten Schritt in einen Sinking Funds (siehe Seite 120) einzahlen, um einem größeren Ziel einen Schritt näher zu kommen.

Wenn nichts übrig geblieben ist, was kannst du nächsten Monat anders machen? Schreibe deine Vorsätze auf!

_____

_____

3. Kapitel

Sinking Funds

Die Sinking Funds sind das Herzstück einer gesunden Finanzplanung. Der englische Begriff stammt aus der Finanzwelt. Übersetzt sind das so genannte sinkende Fonds oder einfacher ausgedrückt: Sparstrümpfe. Solche werden benutzt, um Einnahmen über einen bestimmten Zeitraum zur Finanzierung von künftigen Projekten zurückzulegen oder um sie zur Rückzahlung langfristiger Schulden zu nutzen.

Genauso machen wir es auch! Nur brauchen wir keinen Treuhänder dafür, wie in der Finanzwelt üblich, sondern wir nehmen die Sache selbst in die Hand. Das geht so: Wir sparen regelmäßig, in Ausnahmefällen auch unregelmäßig, in einen der Sinking Funds ein.

Wir tun dies, um:

- unsere fixen Kosten in erträgliche Happen aufzuteilen.
- für Kaufziele zu sparen, z.B. für das neue Auto.
- einen Notgroschen zu schaffen bzw. vorzusorgen.
- Geschenke kaufen zu können.
- Geld für notwendige Reparaturen zu haben.
- Tierarztkosten bezahlen zu können.
- die spätere Rente aufzustocken.
- für einen Urlaub zu sparen und so weiter.

Wir legen für jedes Ziel, das wir haben, einen eigenen Sinking Fund an. Das Geld, das wir für ein bestimmtes Ziel einbezahlen, kann in einem gewöhnlichen Briefumschlag verwaltet oder auf ein Tagesgeldkonto einbezahlt werden. Es kann auch, falls es sich um ein langfristiges Sparziel handelt, wie z.B. zur Aufstockung der späteren Rente, in Aktien, einem Fonds oder einen ETF angelegt werden.

Ganz zu Anfang hast du deine fixen Kosten ermittelt, einmal die monatlichen und dann die jährlichen, die du anschließend in monatliche Teilbeträge umgerechnet hast.

Deine monatlichen Fixkosten, wie die Miete und so weiter ziehst du stets von deinen Einnahmen ab. Sie werden in der Regel sowieso gleich abgebucht. Den jährlichen, auf Monatshappen umgerechneten Fixkostenbetrag ziehst du bei deiner Budgetplanung auch von den Einnahmen ab. Aber du musst diesen Betrag irgendwo hintun, damit er sicher verwahrt wird und dir zur Verfügung steht, wenn die entsprechenden Beträge fällig werden. Dafür kannst du nun einen Fixkosten – Sinking - Fund anlegen. Dort notierst du, wo du das Geld verwahrst (z.B. in einem Briefumschlag, auf dem Tagesgeldkonto oder auf einem Anlagekonto), wie viel bereits angespart wurde und wie viel für einzelne Zahlungstermine wieder herausgenommen worden ist. Wenn du lieber für deine Fixkosten-Positionen (S. 19) einzelne Sinking Funds anlegen möchtest, dann kannst du das natürlich auch tun.

Das Sparstrumpf-Prinzip

Du kannst die Sinking Funds wie Sparstrümpfe betrachten, und du kannst sie für all deine finanziellen Ziele nutzen, solche die zwingend sind als auch solche, die nicht zwingend sind. Nicht zwingende Sparstrümpfe, wie z.B. der Urlaubs-Sparstrumpf, können auch unregelmäßig bespart werden. In den Sparstrumpf darf nämlich auch hinein, was am Monatsende übrig bleibt oder was durch unerwartete Einnahmen ermöglicht wird.

Schon an anderer Stelle wurde gesagt, dass auch Kleinstbeträge, die gespart werden, etwas Positives bewirken! Mit der Zeit wachsen auch diese, mehr noch, wenn du sie geschickt investierst. Es gibt Möglichkeiten auch für Kleinbeträge, du musst dich nur entsprechend informieren. Lass dich also nicht abhalten, für etwas zu sparen, nur weil du glaubst, der Betrag lohnt nicht. Nimm ein schönes Glas und freue dich darüber, wenn es sich durch die Cent-Beträge, die du erübrigen kannst, allmählich füllt. Wenn du das volle Glas dann zur Bank bringst, wirst du staunen, wie viel Geld du auf diese Weise angespart hast.

Gehen wir aber jetzt in die Praxis! In jede Sparstrumpf-Vorlage, die du nutzen willst (ab S. 124), musst du Informationen schreiben, damit du den Überblick behältst:

1. Wofür ist das Geld im Sparstrumpf gedacht?
2. Welches Sparziel hast du, welche Summe soll der gesparte Betrag am Ende ergeben?
3. Welchen Betrag willst du regelmäßig sparen?
4. Wo hast du das Geld angelegt? Bar in einem Umschlag oder etwas ähnlichem? Bei der Bank auf einem Tagesgeldkonto? An anderer Stelle, sodass du das im Formular näher bezeichnen musst?

Wenn du aus einem Sparstrumpf Geld herausnimmst, z.B. weil das Sparziel erreicht ist oder du zu bestimmten Terminen einen Teilbetrag ausgeben musst, dann vermerkst du das auf S. 138 im

Entnahme-Protokoll. Hier trägst du ein, wieviel du aus welchem Sparstrumpf entnommen hast und warum. Du kannst außerdem eintragen, ob der Sparstrumpf weiter bespart wird oder nicht.

Beispiel: Sparstrumpf für fixe Kosten

*Wofür?*__Autoversicherung____ *Fällig im Monat:* _Januar____

*Sparziel in Euro*__120.-___ *Einzahlen* _monatlich_ *Rate* __10.-_

Wo angelegt? Bar □ Bank/Tagesgeld ■ _____ □

Datum	Beschreibung	Einzahlung	Entnommen	Guthaben
02.01.19	Rate	10.-		10.-
02.02.19	Rate	10.-		20.-
02.03.19	Rate	10.-		30.-
02.04.19	Rate	10.-		40.-
02.05.19	Rate	10.-		50.-
02.06.19	Rate	10.-		60.-
02.07.19	Rate	10.-		70.-
02.08.19	Rate	10.-		80.-
02.09.19	Rate	10.-		90.-
02.10.19	Rate	10.-		100.-
02.11.19	Rate	10.-		110.-
01.12.19	Rate	10.-		120.-
02.01.20	Rate, Vers. fällig	10.-	120.-	10.-

Beispiel: Sparstrumpf variabel

*Wofür?*__Urlaub_____ *Sparziel in Euro*__600.-_____

Zahlweise _monatlich_ *Bezahlen im Monat* _____ *Rate* __50.-_

Wo angelegt? Bar ■ Bank □ _____ □

Datum	Beschreibung	Einzahlung	Entnommen	Guthaben
01.08.20	Rate	50.-		
20.08.20	Unerwartetes		30.-	20.-
29.08.20	Geburtstagsgeld	50.-		70.-

Sparstrumpf Nr. 1

Wofür?_____ Fällig im Monat: _____

Sparziel in Euro_____ Einzahlen _____ Rate _____

Wo angelegt? Bar ☐   Bank/Tagesgeld ☐ _____ ☐

Datum	Beschreibung	Einzahlung	Entnommen	Guthaben

Sparstrumpf Nr. 2

Wofür?_____ Fällig im Monat: _____

Sparziel in Euro_____ Einzahlen _____ Rate _____

Wo angelegt? Bar □   Bank/Tagesgeld □   _____ □

Datum	Beschreibung	Einzahlung	Entnommen	Guthaben

Sparstrumpf Nr. 3

Wofür?_____ Fällig im Monat: _____

Sparziel in Euro_____ Einzahlen _____ Rate _____

Wo angelegt? Bar ☐   Bank/Tagesgeld ☐   _____ ☐

Datum	Beschreibung	Einzahlung	Entnommen	Guthaben

Sparstrumpf Nr. 4

*Wofür?*_____ *Fällig im Monat:* _____

*Sparziel in Euro*_____ *Einzahlen* _____ *Rate* _____

Wo angelegt? Bar ☐ Bank/Tagesgeld ☐ _____ ☐

Datum	Beschreibung	Einzahlung	Entnommen	Guthaben

Sparstrumpf Nr. 5

Wofür?_____ Fällig im Monat: _____

Sparziel in Euro_____ Einzahlen _____ Rate _____

Wo angelegt? Bar ☐ Bank/Tagesgeld ☐ _____ ☐

Datum	Beschreibung	Einzahlung	Entnommen	Guthaben

Sparstrumpf Nr. 6

Wofür?_____ Fällig im Monat: _____

Sparziel in Euro_____ Einzahlen _____ Rate _____

Wo angelegt? Bar ☐ Bank/Tagesgeld ☐ _____ ☐

Datum	Beschreibung	Einzahlung	Entnommen	Guthaben

Sparstrumpf Nr. 7

Wofür?_____ Fällig im Monat: _____

Sparziel in Euro_____ Einzahlen _____ Rate _____

Wo angelegt? Bar ☐   Bank/Tagesgeld ☐   _____ ☐

Datum	Beschreibung	Einzahlung	Entnommen	Guthaben

Sparstrumpf Nr. 8

Wofür?_____ Fällig im Monat: _____

Sparziel in Euro_____ Einzahlen _____ Rate _____

Wo angelegt? Bar ☐   Bank/Tagesgeld ☐ _____ ☐

Datum	Beschreibung	Einzahlung	Entnommen	Guthaben

Sparstrumpf Nr. 9

*Wofür?*_____ *Fällig im Monat:* _____

*Sparziel in Euro*_____ *Einzahlen* _____ *Rate* _____

Wo angelegt? Bar ☐   Bank/Tagesgeld ☐   _____ ☐

Datum	Beschreibung	Einzahlung	Entnommen	Guthaben

Sparstrumpf Nr. 10

Wofür?_____ Fällig im Monat: _____

Sparziel in Euro_____ Einzahlen _____ Rate _____

Wo angelegt? Bar ☐   Bank/Tagesgeld ☐   _____ ☐

Datum	Beschreibung	Einzahlung	Entnommen	Guthaben

Sparstrumpf Nr. 11

Wofür?_____ Fällig im Monat: _____

Sparziel in Euro_____ Einzahlen _____ Rate _____

Wo angelegt? Bar ☐   Bank/Tagesgeld ☐   _____ ☐

Datum	Beschreibung	Einzahlung	Entnommen	Guthaben

Sparstrumpf Nr. 12

Wofür?_____ Fällig im Monat: _____

Sparziel in Euro_____ Einzahlen _____ Rate _____

Wo angelegt? Bar ☐   Bank/Tagesgeld ☐   _____ ☐

Datum	Beschreibung	Einzahlung	Entnommen	Guthaben

Spartipps

Mit dem Anlegen von Sparstrümpfen hast du einen weiteren Schritt getan, um deine Finanzen auf eine stabile Grundlage zu stellen. So kann Sparen Spaß machen, wenn man sieht, wie die beiseitegelegten Geldsummen wachsen, und das Erreichen der eigenen Ziele immer näher rückt. Deshalb an dieser Stelle noch ein paar Spartipps extra.

1. Überprüfe von Zeit zu Zeit deine Fixkosten. Gibst du regelmäßig Geld für Abos aus, die du nicht oder zuwenig nutzt? Wenn ja, denke darüber nach, ob du diese Kosten nicht einsparen willst.
2. Was ist mit deinen Versicherungen? Kannst du Geld sparen, indem du zu einem anderen Anbieter wechselst?
3. Informiere dich nicht nur bei deiner Bank über finanzielle Anlagemöglichkeiten, sondern auch im Internet. Dort findest du immer wieder aktuelle Informationen, die auch für Kleinanleger interessant sind. Denn selbst in Null- und Niedrigzinszeiten gibt es noch Möglichkeiten, sein Geld arbeiten zu lassen. Schau dir aber die Ratgeberseiten stets genau an. Sind sie seriös? Stehen Menschen dahinter, die wirklich etwas von Finanzen verstehen, oder will dir da nur jemand etwas einreden?
4. Vermeide Impulskäufe! Wenn du dir etwas kaufen willst, warte nach Möglichkeit ein paar Tage ab. Oft wirst du feststellen, dass du das, was du haben wolltest, doch nicht braucht.

Das Entnahme-Protokoll

Das Entnahme-Protokoll ist der letzte Vordruck für dich in diesem Buch. Du ergänzt damit deine Sparstrümpfe und kontrollierst noch einmal die Ausgaben, die du aus einem Sparstrumpf tätigst. Wenn du aus einem Sparstrumpf einen Betrag entnommen hast, dann trägst du weitere Zusatzinformationen im Entnahme-Protokoll ein. So kannst du auch noch nach einem halben Jahr oder länger nachvollziehen, weshalb du das Geld entnommen hast. Wenn bei Weitersparen »Nein/K« angekreuzt wurde, so heißt das, dass entweder der Sparzweck des Sparstrumpfs erfüllt ist, oder der Posten gekündigt (K) wurde. Auch hier ein kleines Beispiel:

Beispiel: Entnahme-Protokoll

Datum	Sparstrumpf Nr.	Entnahme	Warum?	Weitersparen	
				Ja	Nein/K
11.10.20	1: Fixkosten	81.-	Private Haftpflicht bezahlen	x	
08.11.20	7: Geschenke	30.-	Geburtstag Oma	x	
02.01.21	1: Fixkosten	120.-	Autoversicherung	X	
05.05.21	1. Fixkosten	93.-	Abo Autozeitung		x

Entnahme-Protokoll

Datum	Sparstrumpf Nr.	Entnahme	Warum?	Weitersparen	
				Ja	Nein/K

Entnahme-Protokoll

Datum	Sparstrumpf Nr.	Entnahme	Warum?	Weitersparen	
				Ja	Nein/K

Kapitel

Schlussworte

Du hast nun ein ganzes Jahr lang mit diesem roten Haushaltsbuch deine Finanzen geordnet und deine Ausgaben überprüft. Jetzt erinnere dich an deine Ziele, die du dir auf S. 7 notiert hast. Welche dieser Ziele hast du erreicht? Schreibe es hier auf.

_____

_____

_____

_____

_____

_____

Wenn du deine Ziele noch nicht erreicht hast, gib nicht auf! Bleibe am Ball und versuche weiter, Schritt für Schritt etwas zu verändern. Schreibe hier deine Ideen dazu auf.

_____

_____

_____

_____

_____

_____

Welchen Rat, um deine Finanzen noch besser aufzustellen, würdest du dir an dieser Stelle selbst geben?

_____

_____

_____

_____

_____

Zu guter Letzt?

Strebe nicht nur nach äußeren Zielen. Geld beruhigt zwar, aber es macht nicht unbedingt glücklicher. Lade dich vor allem immer wieder mit positiven Gefühlen auf. Frage dich, wie du, unabhängig von Konsumgedanken und ohne dich mit anderen zu vergleichen, wahre Zufriedenheit finden kannst. Was brauchst du wirklich? Was musst du tun, um dich und dein Leben (noch) mehr wertzuschätzen? Finde deinen wahren inneren Reichtum!

Hier ist Platz für deine Gedanken und für positive Affirmationen:

_____

_____

_____

_____

_____

Nun ...

... da du auf diesen Seiten zwölf Monate lang deine Einnahmen und Ausgaben notiert hast, ist dein Finanzjahr mit mir, deinem roten Haushaltsbuch, zu Ende.

Sehen wir uns für eine neue Jahresrunde wieder? Es würde mich freuen, aber auf jeden Fall wünsche ich dir weiter viel Erfolg bei deiner Finanz- und Lebensplanung!

Platz für persönliche Notizen

Mein rotes Haushaltsbuch

_____